MAIK KOPLECK

DEUTSCHLAND

Einst & Jetzt

GERMANY

Then & Now

TRANSLATED BY ADELHEID KORPP

PastFinder

DÄNEMARK / DENMARK
Sylt
Flensburg
NORDSEE / NORTH SEA
OSTSEE / BALTIC SEA
Kiel
Rügen
Lübeck
Rostock
Ahlbeck
Ostfriesische Inseln
Hamburg
Bremen
Elbe
NIEDERLANDE / NETHERLANDS
Oder
POLEN / POLAND
Hannover
Berlin
Weser
Den Haag
Rhein
Kassel
Leipzig
Düsseldorf
Weimar
Dresden
BELGIEN / BELGIUM
Brüssel
Köln
DEUTSCHLAND / GERMANY
Koblenz
Frankfurt/Main
Prag
Main
LUXEMBURG
Mainz
Würzburg
TSCHECHISCHE REP. / CZECH REPUBLIC
Nürnberg
Heidelberg
FRANKREICH / FRANCE
Stuttgart
Straßburg
Wien
Rhein
Donau
München
Konstanz
Zugspitze
Bodensee
ÖSTERREICH / AUSTRIA
SCHWEIZ / SWITZERLAND

INHALT / CONTENTS

EINLEITUNG / INTRODUCTION

Dieses Buch zeigt in Original-Bilddokumenten die Ansichten deutscher Städte und Landschaften vor über 100 Jahren – und ist damit eine einzigartige Zeitreise in die Belle Époque: Von den Stränden der Nordsee über die Hansestädte zu den Kaiserbädern der Ostsee. Von der Reichshauptstadt Berlin zum Alten „Elbflorenz". Von der Welfenstadt Hannover durch den Harz zum sagenumwobenen Brocken. Auf den Spuren Goethes von Weimar nach Frankfurt am Main. Von Mainz entlang dem Rheinstrom, vorbei an Burgen und der Loreley, zu Heinrich Heines Geburtsstadt Düsseldorf. Vom romantischen Heidelberg durch den Schwarzwald zum Bodensee. Von Würzburg über die alte Kaiserstadt Nürnberg zum Isar-Athen und hinauf auf den höchsten Gipfel Deutschlands.

Schloss Neuschwanstein / Neuschwanstein Castle (1895)

Die brillante Farbigkeit der handkolorierten Lichtbilder aus der Jahrhundertwende ermöglicht einen erstaunlichen Vergleich mit den aktuellen Ansichten. Dass es nach einem so langen Zeitraum nicht immer und überall einfach war, die Vergangenheit aus exakt gleicher Perspektive nachzufotografieren, zählte zu den großen Herausforderungen des Projekts. Vielerorts war es überraschend, wie stark sich das Gesicht Deutschlands durch Kriege, bauliche Veränderungen und die Kraft der Natur verändert hat. Etwas weniger überraschend war dagegen, dass bei der Arbeit für diesen Band rund 15.000 Straßenkilometer, 160 Eisenbahnkilometer und 103 Seemeilen zusammenkamen.

This book presents original photographs of German cities and landscapes as they were about 100 years ago – taking you on a unique journey into the era of the Belle Époque. From the beaches of the North Sea to the cities of the Hanseatic League and the imperial spa resorts on the Baltic Coast. From the Reich capital Berlin to Dresden, the „Florence on the river Elbe". From Hanover, the city of the Welfen dynasty, to the Harz region and the legendary Brocken Mountain. From Goethe's Weimar to Frankfurt/Main. From Mainz along the river Rhine, past picturesque castles and the Loreley Rock to Heinrich Heine's birth place, Düsseldorf. From romantic Heidelberg to the Black Forest and on to Lake Constance. From Würzburg to Nuremberg and Munich and to the top of Germany's highest mountain, the Zugspitze.

The brilliant hand-coloured photographs from the end of the 19th century allow a fascinating comparison when set in contrast with photographs taken today. It was not always possible to take photographs today from exactly the same standpoint as the old ones and this created one of the great challenges of the project. It is often surprising just how much Germany's face has been altered by wars, architectural changes and the force of nature.
Less surprising were the distances covered in order to complete the project: 15,000 kilometres by car, 160 kilometres by train and 103 kilometres by sea.

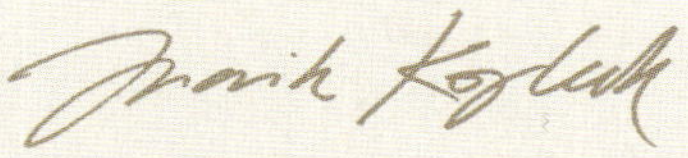

Maik Kopelck, Autor und Verleger / author and publisher

DÄNEMARK / DENMARK
Westerland
Sylt
Flensburg
Schleswig
OSTSEE / BALTIC SEA
NORDSEE / NORTH SEA
Nord-Ostsee-Kanal
Kiel
Büsum
Helgoland
Trave
Lübeck
Cuxhaven
Norderney
Borkum
Hamburg
Wilhelms-
haven
Bremerhaven
Elbe
Emden
NIEDERLANDE /
NETHERLANDS
Weser
Ems
Oldenburg
Bremen
DEUTSCHLAND / GERMANY

I.

DIE NORDSEEKÜSTE UND DAS „TOR ZUR WELT“ / NORTH SEA COAST AND HAMBURG, THE „GATEWAY TO THE WORLD“

*Die **STRANDPROMENADE** des Nordseeheilbades Borkum um 1890. Hinter den imposanten Hotelbauten aus der Kaiserzeit ragt der 60 Meter hohe Leuchtturm empor. Die größte ostfriesische Insel liegt am westlichen Rand des Nationalparks Niedersächsisches Wattenmeer, der seit 2009 zum UNESCO-Weltnaturerbe gehört. **BEACH PROMENADE** at the North Sea spa resort Borkum around 1890. The lighthouse rises 60 metres behind the elegant hotels dating back to the 1900s. The largest of the East Friesian Islands lies on the western edge of the German Wadden Sea National Parks of Lower Saxony and Schleswig-Holstein, made a UNESCO natural World Heritage Site in 2009.*

*Das **CONVERSATIONSHAUS** am Kurplatz um 1890. Links das Hotel Bellevue (heute Nordseeklinik). König Georg V. von Hannover verlieh Norderney 1851 sein mondänes Flair, indem er es zu seiner Sommerresidenz machte. Es entstanden prachtvolle Häuser im Stil der Bäderarchitektur und die Insel avancierte bis heute zu einem der beliebtesten deutschen Reiseziele. **ASSEMBLY ROOMS** at the Kurplatz around 1890. On the left the Hotel Bellevue (today the Nordseeklinik Hospital). In 1851 King George V of Hanover made Norderney his summer residence, bringing high-society flair to the island. Beautiful houses were built in the spa resort style, and the island became one of most popular holiday destinations in Germany.*

Blick um 1895 vom **SIMON-LOSCHEN-LEUCHTTURM** *über den Neuen und Alten Hafen. Links die Bürgermeister-Smidt-Gedächtniskirche. Von Bremerhaven legten um die Jahrhundertwende die Auswandererdampfer des Norddeutschen Lloyd Richtung New York ab. Heute zeugt davon das Museum Deutsches Auswandererhaus. Neues Wahrzeichen der Stadt ist das Atlantic Hotel Sail City.* *View from the* **SIMON-LOSCHEN LIGHTHOUSE** *across the old and the new harbour, around 1895. Around the turn of the century, North German Lloyd ships full of emigrants sailed from here to New York. Today the Museum of German Emigration bears witness to this history. The new landmark of the city is the Atlantic Hotel Sail City.*

*Die **FREIE HANSESTADT BREMEN** mit den Zwillingstürmen des St.-Petri-Doms um 1890. Das Foto wurde vom ehemaligen Wasserturm auf dem Stadtwerder aus aufgenommen. Der 1873 erbaute Koloss versorgte nicht nur zahlreiche Haushalte, sondern auch die weltberühmte Brauerei Beck & Co. mit Trinkwasser.*

*The **FREE HANSEATIC TOWN OF BREMEN** with the twin towers of the St. Petri Cathedral around 1890. The photograph was taken from the former water tower on Stadtwerder. Built in 1873, the colossal tower brought drinking water not only to countless houses but also to the world-famous brewery of Beck & Co.*

Porzellan,
RATHS · APOTHEKE
Hotel u.

*Der **BREMER ROLAND** um 1890 mit Blick vom Rathaus. Das Ensemble gehört heute zum UNESCO-Weltkulturerbe. Die Rolandstatue bestand zunächst aus Holz, seit 1404 ist das Wahrzeichen aus Stein und verkündet von kaiserlichen Freiheiten für die Hansestadt.*

***ROLAND STATUE** seen from Bremen town hall, around 1890. Town hall and statue are a UNESCO World Heritage Site. The statue of Roland, originally made of wood, was carved in stone in 1404 and is a symbol of civic autonomy and sovereignty.*

Die **ST.-PAULI-LANDUNGSBRÜCKEN** mit dem Pegelturm und Blick auf die Speicherstadt (links) sowie die Werftanlagen am Elbufer (rechts) um 1890. Von den Schiffsanlegern der 1909 erbauten Abfertigungsgebäude legten einst die Ozeanriesen der Hamburg-Amerika-Linie in ferne Länder ab, heute sind es Hafen- und Helgolandfähren. *ST.-PAULI LANDING STAGES with the Pegelturm and view across to the warehouses of the Speicherstadt (left) and the shipyards on the Elbe banks (right), around 1890. From the quays of the passenger terminals built in 1909, the ocean-going steamers of the Hamburg-America Line sailed all over the world. Today the harbour and Heligoland ferries start from here.*

KEMPINSKI

Der ***JUNGFERNSTIEG*** *mit dem Alsterpavillon um 1890. Im Hintergrund die Türme der Kirche St. Petri (links) und des Rathauses (rechts). Auf Hamburgs Prachtboulevard eröffnete der „Kaufhauskönig“ Oscar Tietz 1912 ein Warenhaus. Heute ist es als Alsterhaus bekannt und eine der ersten Einkaufsadressen der Hansestadt.* ***JUNGFERNSTIEG*** *with the Alster Pavilion around 1890. In the background the towers of St. Petri (left) and the town hall (right). In 1912, the „department store king“ Oscar Tietz opened a store on Hamburg's main boulevard. Today it is known as the Alsterhaus, one of Hamburg's main destination for shoppers.*

*Der **HANSA-HAFEN** mit dutzenden Frachtseglern um 1890. Bis Ende des 19. Jahrhunderts waren es die legendären Flying P-Liner der Reederei F. Laeisz, die Handelswaren aus aller Welt schnell und sicher nach Europa brachten. Heute befinden sich am Bremer- und Australiakai die letzten original erhaltenen Stückgutschuppen des Hamburger Hafens. **HANSA HARBOUR** with dozens of freight steamers around 1890. Up to the end of the 19th century, the legendary Flying P-Liners of the F. Laeisz shipping company brought goods to Europe from all over the world, swiftly and safely. On Bremer and Australia Quay are the last original warehouses in Hamburg's harbour.*

*Der **HAFEN** des beliebten Kurbades Büsum um 1890. Damals existierte noch kein Deich als Schutz gegen die Fluten der Nordsee. Im Erdgeschoss des heutigen Hotels Nordseehalle stand das Wasser bei Sturmflut nicht selten kniehoch. Als einziges Gebäude hat es mit An- und Umbauten die Jahrzehnte bis heute überdauert.*

*The **HARBOUR** of the popular spa town of Büsum, around 1890. At that time, before the dyke for protection against the North Sea was built, during storm tides, the water used to rise knee-high on the ground floor of what is now the Hotel Nordseehalle. It is the only building to survive the decades, with only a few alterations.*

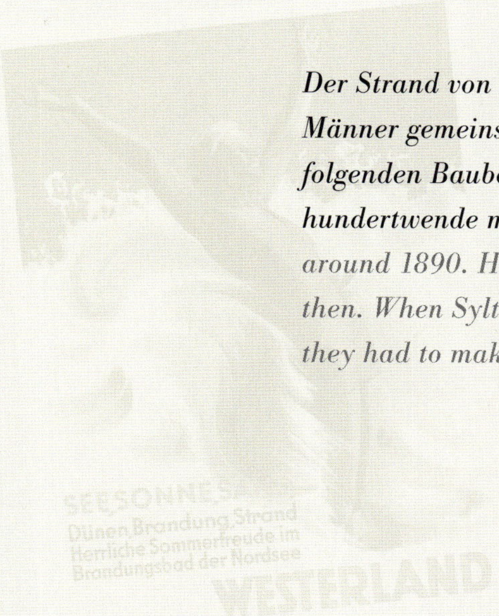

*Der Strand von **WESTERLAND** auf der Nordseeinsel Sylt um 1890. Schon damals durften hier Frauen und Männer gemeinsam baden, was nicht selbstverständlich war. Nach der Ernennung zum Seeheilbad und dem folgenden Bauboom mussten in der Nachkriegszeit viele der mondänen Villen und Logierhäuser aus der Jahrhundertwende modernen Hotelbauten weichen.* *The beach of **WESTERLAND** on the North Sea Island of Sylt around 1890. Here, men and women were allowed to mingle on the beach, by no means the normal practice then. When Sylt became a spa resort, many luxurious villas and boarding houses were built, but after the war they had to make way for modern hotels.*

DÄNEMARK / DENMARK
OSTSEE / BALTIC SEA
Flensburg
Fehman
Rügen
Sassnitz
Kiel
Stralsund
Greifswalder Bodden
Warnemünde
Rostock
Mecklenburger Bucht
Nord-Ostsee-Kanal
Trave
Heringsdorf
Ahlbeck
Lübeck
Stettiner Haff
Schwerin
Hamburg
Elbe
Oder
POLEN / POLAND
Berlin

II.

DIE OSTSEEKÜSTE VON FLENSBURG BIS ZU DEN KAISERBÄDERN / THE BALTIC COAST FROM FLENSBURG TO THE IMPERIAL SPA RESORTS

*Blick entlang des Westufers des **FLENSBURGER HAFENS** um 1890. Hoch über der Förde von Deutschlands nördlichster Großstadt ist am Horizont die noch erhaltene St.-Johannis-Mühle von 1808 zu erkennen. Seit fast 100 Jahren thront auf dem Hügel des Ostufers nun die Goethe-Schule mit ihrem monumentalen Kuppelbau.*

*View along the western bank of **FLENSBURG HARBOUR** around 1890. High above the inlet of Germany's most northerly town, the St Johannis Mill of 1808 can be seen on the horizon. Built nearly 100 years ago, the Goethe School with its monumental dome sits on the hill above the eastern bank.*

*Der Schiffsanleger **SEEGARTENBRÜCKE** am Westufer der Kieler Förde, 1895. Vor über 100 Jahren dominierten hier Segeljachten und große Panzerschiffe der kaiserlichen Kriegsmarine die Gewässer, heute sind es zumeist die großen Auto- und Personenfähren von und nach Skandinavien.* ***SEEGARTENBRÜCKE QUAY*** *on the western bank of the Kieler Förde, 1895. About 100 years ago, private yachts and the large armour-plated ships of the Imperial Navy dominated the waters here. Today the large car and passenger ferries to and from Scandinavia berth here.*

*Die **UNTERTRAVE** und die Lübecker Altstadt um 1890. Von links nach rechts: die Türme der Marien-, der Petrikirche, des Doms und des nicht nur bei Marzipanliebhabern bekannten Holstentors. Der gesamte mittelalterliche Stadtkern ist heute Teil des UNESCO-Weltkulturerbes. **RIVER UNTERTRAVE** and the old town in Lübeck around 1890. From left to right: the towers of the churches Marienkirche and Petrikirche as well as the Holstentor, a gate well known to lovers of a certain brand of marzipan. The entire medieval town centre is a UNESCO World Heritage Site.*

Seeblick auf das ***SCHWERINER SCHLOSS*** *und die Schlossinsel um 1890. Die langjährige Residenz der mecklenburgischen Herzöge und Großherzöge ist ein über 1000 Jahre historisch gewachsenes Gebäude. Das Erscheinungsbild des heutigen Bauwerks prägten 1857 unter anderem so bedeutende Architekten wie Gottfried Semper und Friedrich August Stüler.* *View across the lake to* ***SCHWERIN PALACE*** *and island around 1890. The former residence of the Mecklenburgian dukes and archdukes, the palace has grown over many centuries, and its present architecture dates back to changes made by eminent architects such as Gottfried Semper and Friedrich August Stüler in the middle of the 19th century.*

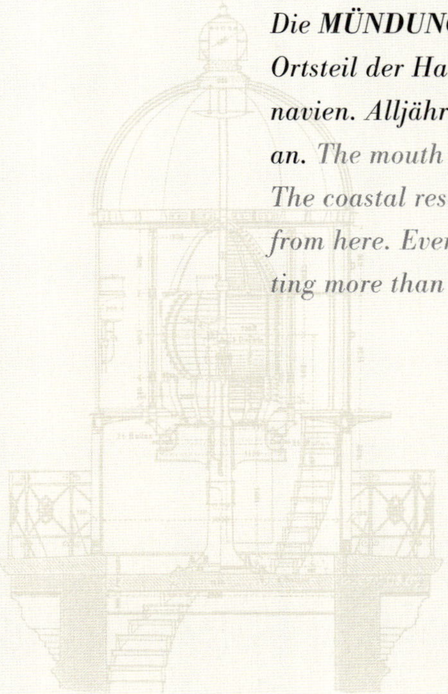

Die ***MÜNDUNG DER WARNE*** *in die Ostsee mit dem Warnemünder Leuchtturm um 1910. Das Seebad ist ein Ortsteil der Hansestadt Rostock. Bereits damals gab es regelmäßige Fährverbindungen von und nach Skandinavien. Alljährlich im Sommer findet vor der Küste die Hanse Sail statt und zieht über eine Million Besucher an.* *The mouth of the* ***RIVER WARNE*** *into the Baltic Sea with the Warnemünde lighthouse, around 1910. The coastal resort is part of the Hanseatic city of Rostock and the regular ferry service to Scandinavia leaves from here. Every summer the Hanse Sail takes place here, a meeting of old sailing and museum ships, attracting more than a million visitors.*

Stralsund, das **TOR ZUR INSEL RÜGEN**, *um 1890. Die historische Altstadt mit der herausragenden Marienkirche gehört seit 2002 zum UNESCO-Weltkulturerbe. Hauptanziehungspunkt ist heute der Hafen der Hansestadt mit dem ehemaligen Segelschulschiff „Gorch Fock" von 1933 und dem Ozeaneum. Stralsund,* **GATEWAY TO THE ISLAND OF RÜGEN**, *around 1890. The historical old town with its splendid Marienkirche is a UNESCO World Heritage Site since 2002. The main attraction today is the harbour of the Hanseatic city with the „Gorch Fock" training ship built in 1933 and the Ozeaneum.*

*Der Hafen von **SASSNITZ** auf der Insel Rügen um 1900. Neben dem Fischereigeschäft trug auch die Aufnahme von Schiffsverbindungen nach Stettin und Skandinavien schnell zum Wachstum der Stadt bei. Hauptanziehungspunkt für Reisende waren und sind die berühmten Kreidefelsen im nahen Nationalpark Jasmund.*

__SASSNITZ HARBOUR__ on Rügen around 1900. Fishing and the connections by sea to Stettin and Scandinavia contributed to the growth of the town. The chalk cliffs in the nearby Jasmund National Park are still a much-visited landmark.

*Blick um 1890 von der **KAISER-WILHELM-SEEBRÜCKE** auf die Strandpromenade. Heringsdorf gehört neben Bansin und Ahlbeck zu den drei Kaiserbädern auf der Insel Usedom. Nach der Zerstörung durch Brände zu DDR-Zeiten wurde die mit 508 Metern längste Seebrücke Deutschlands 1995 wieder aufgebaut. View from the **KAISER-WILHELM PIER** on the beach promenade of Heringsdorf. Together with Bansin and Ahlbeck, Heringsdorf is one of the three imperial spa resorts on the Island of Usedom. Burnt down in 1957, it was rebuilt in 1995 and at 508 metres it is Germany's longest pier.*

Carlsburg

Die ***SEEBRÜCKE*** *von Ahlbeck kurz nach ihrer Fertigstellung 1899. Ihr Holzsteg reicht 208 Meter in die Fluten der Ostsee. Entlang der Strandpromenade, die sich bis zu den anderen beiden Kaiserbädern Heringsdorf und Bansin erstreckt, stehen eine Vielzahl prachtvoller Hotels und Villen im Stil der klassizistischen Bäderarchitektur.* ***THE PIER*** *in Ahlbeck shortly after its completion around 1900. It stretches 208 metres into the waters of the Baltic Sea. The beach promenade, spreading to the other imperial spa resorts of Heringsdorf and Bansin, is lined with many prestigious hotels and villas built in the typical spa resort architecture.*

Oder
Havel
Berlin
HAVELLAND
POLEN /
POLAND
Spree
Elbe
Potsdam
Frankfurt / Oder
Magdeburg
DEUTSCHLAND /
GERMANY
MAGDEBURGER
BÖRDE
SPREEWALD
Dessau
NIEDERLAUSITZ
Halle / Saale
Leipzig
OBERLAUSITZ
Meißen
Görlitz
Dresden
ELBSANDSTEIN-
GEBIRGE
THÜRINGER WALD
Chemnitz
ERZGEBIRGE
TSCHECHISCHE
REPUBLIK / CZECH REPUBLIC

III.

VON BERLIN ÜBER LEIPZIG ZUM ALTEN „ELBFLORENZ“ / FROM BERLIN VIA LEIPZIG TO THE „FLORENCE ON THE RIVER ELBE“

*Das **BRANDENBURGER TOR** am Pariser Platz um 1890. Es wurde 1791 auf Anweisung des preußischen Königs von Carl Gotthard Langhans errichtet. Rechts daneben das Wohnhaus des Malers Max Liebermann. Im Vordergrund das Palais Beauvryé, die Französische Botschaft. Die im 2. Weltkrieg stark zerstörten Gebäude wurden im Zuge des Mauerbaus abgerissen und erst nach der Wende wiederaufgebaut.* ***BRANDENBURG GATE*** *around 1890 (architect Carl Gotthard Langhans, 1791). On its right is the house of the painter Max Liebermann, in the foreground the Palais Beauvryé, the French Embassy. The buildings, badly damaged in the Second World War, were pulled down during the erection of the Berlin Wall and only rebuilt after German unification.*

Hotel Bellevue
PALAST HOTEL
Saxonia
962

Der ***POTSDAMER PLATZ*** *um 1895 mit Blick Richtung Norden. Links das Grand-Hotel Bellevue, rechts das Palast Hotel mit einem der Schinkelschen Torhäuser des Leipziger Platzes. Nach den Zerstörungen im 2. Weltkrieg und dem fast 30 Jahre langen Verfall im Schatten der Mauer dominieren heute moderne Hochhäuser wie das Beisheim-Center (links) den Verkehrsknotenpunkt.* ***POTSDAMER PLATZ*** *around 1895, looking north. On the left is the Grand-Hotel Bellevue, on the right the Palast Hotel with one of Schinkel's gatehouses at Leipziger Platz. Destroyed in the Second World War and languishing in the shadow of the Wall for nearly 30 years, the busy square is now dominated by modern high-rise buildings like the Beisheim Center (left).*

*Der **REICHSTAG** von Architekt Paul Wallot kurz nach seiner Fertigstellung 1894. Das Lichtbild wurde von der damals auf dem Königsplatz stehenden Siegessäule aus aufgenommen. Durch den Reichstagsbrand von 1933 und den 2. Weltkrieg schwer beschädigt, ist das Gebäude nach grundlegender Umgestaltung und der neuen Glaskuppel von Sir Norman Foster seit 1999 Sitz des Deutschen Bundestages. The **REICHSTAG** after its completion in 1894. The photograph was taken from the victory column, then standing on Königsplatz. Severely damaged by the fire of 1933 and the bombardments during World War II, the Reichstag was completely redesigned, and with its new glass dome by Sir Norman Foster, has been the seat of the German parliament since 1999.*

*Das **HALLESCHE TOR** mit dem kreisrunden Belle-Alliance-Platz (heute Mehringplatz) am Südende der Friedrichstraße um 1895. Die 19 Meter hohe Friedenssäule mit der Victoria erinnert an den Sieg Preußens und seiner Alliierten über Napoléon. Nach der völligen Zerstörung im 2. Weltkrieg prägen heute gesichtslose Wohnhochhäuser das Quartier.* *The **HALLESCHES TOR** on circular Belle-Alliance-Platz (today Mehringplatz) at the southern end of Friedrichstraße around 1895. The victory column, 19 metres high, with the statue of the goddess Victoria, commemorates the victory of Prussia and its allies over Napoléon. The gate was completely destroyed in the Second World War, and today unimaginative high-rise residences dominate the square.*

Adolph Gans.
C.F. Ritter
C.F. Ritter
F. Saatz.
14

Der ***MARKTPLATZ*** *mit der Alten Waage (links), dem Alten Rathaus (Mitte) und dem Stadthaus (rechts), um 1895. Davor steht ein Bronzestandbild des berühmtesten Sohns der „Fünf-Türme-Stadt“: Komponist Georg Friedrich Händel. Das Alte Rathaus wurde 1950 trotz nur geringer Kriegsschäden abgerissen. So ist heute der 1929 dahinter erbaute Ratshof sichtbar.* ***MARKET SQUARE*** *with the Alte Waage (left), the Old Town Hall (middle) and the Stadthaus (right), around 1895. In front stands a bronze statue of the famous son of the „City of Five Towers“, the composer Georg Friedrich Händel. The Old Town Hall was pulled down in 1950 in spite of only light war damage. Today the Ratshof, the new town hall, built in 1929 behind the old town hall is visible.*

*Das **NEUE THEATER** um 1890 an der Nordseite des Augustusplatzes (Architekt Carl Ferdinand Langhans, 1868). Das Gebäude wurde 1943 bei einem alliierten Luftangriff zerstört und 1956 abgerissen. An gleicher Stelle entstand im Anklang an die spätklassizistischen Formen des Vorgängerbaus bis 1960 das Leipziger Opernhaus.* *The **NEUES THEATER** around 1890 on the northern side of the Augustusplatz (architect Carl Ferdinand Langhans, 1868). The building was destroyed during an Allied air raid in 1943 and pulled down in 1956. On the same site, reminiscent of the late classical architecture of the original building, the Leipzig Opera House was built in 1960.*

RES·SEVERA·VERUM·GAUDIUM

*Das **NEUE GEWANDHAUS** neben der Universitätsbibliothek im Musikviertel um 1890. Es wurde 6 Jahre zuvor als Konzerthaus eröffnet (Architekt Martin Gropius). Vor dem Gebäude steht das 1936 von den Nationalsozialisten entfernte Mendelssohn-Bartholdy-Denkmal. Das im 2. Weltkrieg schwer beschädigte Gewandhaus wurde 1968 abgerissen.* *The **NEUES GEWANDHAUS** next to the University Library in the music quarter around 1890. Opened six years earlier as a concert hall (designed by Martin Gropius). In front of the building is the statue of the composer Mendelssohn-Bartholdy, destroyed by the Nazis in 1936. The building was badly damaged during the Second World War and demolished in 1968.*

Der Burgberg mit dem **DOM UND SCHLOSS ALBRECHTSBURG** *um 1890. Weltbekannt ist die Stadt an der Elbe für das Meissener Porzellan. August der Starke ließ die Manufaktur mit den „gekreuzten Schwertern" 1710 im Schloss einrichten, damit ist sie der erste europäische Hersteller des Weißen Goldes. Burgberg with the Cathedral and the* **ALBRECHTSBURG CASTLE** *around 1890. The city on the river Elbe is world-famous for its porcelain manufacture marked by the „crossed swords". King August the Strong had a workshop installed in the castle in 1710, making it the first porcelain manufacture in Europe.*

Panorama des ***ALTEN „ELBFLORENZ"*** *mit der nach August dem Starken benannten Augustusbrücke, um 1890. Links die Kuppel der im 2. Weltkrieg durch Bomben zerstörten Frauenkirche. Sie wurde 2005 mit Spenden aus aller Welt als Symbol der Versöhnung wieder aufgebaut. In der Mitte die Kreuzkirche, rechts die Hofkirche und die Sophienkirche.* *Panorama of the* ***„FLORENCE ON THE ELBE"*** *with the Augustus Bridge, named after King August the Strong, around 1890. On the left the dome of the Frauenkirche, destroyed during the Second World War. In 2005 the church was rebuilt, financed with donations from all over the world, as a symbol of reconciliation. In the center the Kreuzkirche, on the right Hofkirche and Sophienkirche.*

Der Innenhof des 1732 erbauten ***ZWINGERS*** *mit dem Kronentor (rechts) um 1890. Das barocke Meisterwerk sollte Vorhof zu einem nie erbauten Schloss werden. Im 2. Weltkriege wurde die dahinter liegende Sophienkirche schwer beschädigt. Das einzige gotische Gotteshaus der Stadt ließ SED-Parteichef Walter Ulbricht 1962* ***abreißen.*** *The inner courtyard of the* ***ZWINGER****, built in 1732, with the Kronentor (right) around 1890. The baroque masterpiece was to be the forecourt for a palace that was never built. The Sophienkirche behind, Dresden's only gothic church, was badly damaged in World War II and razed to the ground in 1962 on orders of Walter Ulbricht, Chairman of the ruling „Socialist Unity Party of Germany" in East Germany.*

Blick von der Carolabrücke auf das ***ALTE „ELBFLORENZ"*** *um 1890. Vom Altstadtufer legen noch heute die zum Teil über 110 Jahre alten Raddampfer zu Rundfahrten in die Sächsische Schweiz ab. Von links nach rechts: die Frauenkirche, die Brühlsche Galerie, der Turm des Residenzschlosses, die Hofkirche und die Semperoper.*
View from the Carola Bridge to the ***„FLORENCE ON THE ELBE"*** *around 1890. Paddle steamers cast off from the old-town banks for pleasure trips to the Sächsische Schweiz and continue to do so today, with boats more than a 110 years old. From left to right: Frauenkirche, Brühlsche Gallery, the tower of the Residenzschloss, Hofkirche and Semperoper.*

Hannover
Braunschweig
Hildesheim
Hameln
Weser
WESER BERGLAND
Elbe
Leine
Goslar
Wernigerode
Brocken
NATIONALPARK HOCHHARZ
Dortmund
Leipzig
Kassel
Werra
Fulda
Eisenach
Erfurt
Weimar
Gotha
THÜRINGER WALD
WESTERWALD
ERZGEBIRGE
Koblenz
Rhein
TAUNUS
RHÖN
Frankfurt/Main
FICHTEL-GEBIRGE
Main
Mainz
SPESSART
FRÄNKISCHE SCHWEIZ
Bayreuth

IV.

DURCH DEUTSCHLANDS MITTE VON HANNOVER NACH FRANKFURT AM MAIN / GERMANY'S HEARTLAND FROM HANOVER TO FRANK-FURT/MAIN

*Das **SCHLOSS HERRENHAUSEN** um 1890 im Großen Garten. Der klassizistische Bau geht auf einen Wirtschaftshof von 1638 zurück und diente der Welfenfamilie als Sommerresidenz. Im 2. Weltkrieg wurde er durch Bomben zerstört. Erhalten blieben nur die Grotte (links) und die Große Kaskade (rechts). **HERRENHAUSEN PALACE** around 1890 in the Great Garden. The classical building dates back to a farm of 1638 and was the summer residence of the Welfen Family. During the Second World War the palace was destroyed by bombs. Only the Grotto (left) and the Great Cascade (right) survived.*

Der 97 Meter hohe Turm der im 14. Jahrhundert erbauten ***MARKTKIRCHE*** *um 1895. Rechts das Alte Rathaus Hannovers, links im Anschnitt an der Karmarschstraße die Markthalle. Sie war 1892 der größter Stahl- und Glasbau des Kaiserreichs. Die drei Gebäude wurden im 2. Weltkrieg fast bis auf die Außenmauern zerstört. 90 Prozent der Innenstadt lagen 1945 in Schutt und Asche, die Markthalle ist 1954 als reiner Zweckbau neu errichtet worden.* *The church tower, rising 97 metres high, of the 14th century* ***MARKTKIRCHE****, around 1895. On the right Hanover's old town hall, on the left the market hall on Karmarsch Street, opened in 1892 and at the time Germany's largest steel and glass construction. The three buildings were destroyed during the Second World War and by 1945 the inner city was 90% in ruins. The market hall was rebuilt in 1954 in a simple, functional style.*

H. Holländer.
„ZUR BÖRSE"
staurant & Garten.
J.P.Lieckert's
Weinhandlung.

*Blick in die **OSTERSTRASSE** Richtung Westen auf den Turm der Marktkirche. Vorne rechts das Leist-Haus von 1589 (heute Heimatmuseum), daneben das reich verzierte Stiftsherrenhaus von 1558. Weltweite Bekanntheit erlangte die Stadt an der Weser aber durch die Sage des legendären Rattenfängers aus dem Jahre 1284.*

*View down **OSTER STREET** towards the tower of the Marktkirche in the west. In the foreground on the right is the Leist House of 1589 (today the City Museum), next to it the richly decorated Stiftsherren House of 1558. The town on the river Weser became world-famous through the legend of the Pied Piper of Hamelin of 1284.*

Das ***RATHAUS*** *mit dem Rolandbrunnen, um 1890 vom Knochenhaueramtshaus aus fotografiert. Rechts im Anschnitt das Tempelhaus von 1350. Es war 1945 das einzige Gebäude am Platz, das den verheerenden Feuersturm nach Luftangriffen weitgehend unbeschadet überstand. In den 1980er Jahren wurden die Häuser größtenteils originalgetreu rekonstruiert.* ***TOWN HALL*** *and Roland Fountain around 1890, seen from the Knochenhaueramtshaus (Butchers' Guild Hall). On the right the Tempel House of 1350, which was the only building to survive the firestorm following heavy air raids in 1945. In the 1980s, the houses were rebuilt according to the original design.*

Die 1534 erbaute ***ALTE WAAGE*** *an der St. Andreaskirche um 1890. Es ist das größte und imposanteste Fachwerkhaus Braunschweigs. Im 2. Weltkrieg erhielt das Haus mehrere Volltreffer und brannte bis auf die Grundmauern nieder. Erst zwischen 1991–1996 wurde die Alte Waage wieder rekonstruiert.* *ALTE WAAGE of 1534 next to the St. Andreaskirche, around 1890. It is the largest and most impressive half-timbered house in Braunschweig. During the Second World War the building was hit several times and burnt down to the ground. Reconstruction began in 1991, and by 1996 the Alte Waage was restored to its old splendour.*

Hôtel
Kaiser-Worth

*Goslars **MARKTPLATZ** um 1895. Links das Gildehaus Kaiserworth von 1484, rechts das gotische Rathaus mit den Türmen der evangelischen Marktkirche St. Cosmas und Damian. Seit 1992 gehören die mittelalterliche Altstadt und das nahe Silbererzbergwerk am Rammelsberg zum UNESCO-Kultur- und Naturerbe.*

*Goslar **MARKET SQUARE** around 1895. On the left the guildhall Kaiserworth of 1484, on the right the gothic town hall with the towers of the Protestant church St. Cosmas and Damian. Since 1992 the medieval old town and the nearby silver mine on Rammelsberg are on the list of the UNESCO World Heritage Sites.*

Hôtel Gothischer
C.A. Frick

*Das **RATHAUS** am Marktplatz um 1890. Es geht zurück auf das 1277 erstmals erwähnte „Spielhaus" und gilt als eines der schönsten seiner Art in Europa. Hoch über der „Bunten Stadt am Harz", die für ihre farbig angestrichenen Fachwerkhäuser bekannt ist, thront das Schloss Wernigerode mit Ausblicken bis zum Brocken.*

*The **TOWN HALL** on the market square around 1890. It goes back to the „Spielhaus", first mentioned in 1277 and is deemed one of the finest of its kind in Europe. High above the „Colourful Town in the Harz Mountains", famous for its painted half-timbered houses, sits Wernigerrode Castle with a view of the Brocken Mountain.*

*Die Spitze des sagenumwobenen **BROCKEN** mit der Wetterstation, 1899. Im gleichen Jahr wurde auch die dampfbetriebene Brockenbahn eröffnet. Mit 1.141 Metern ist er der höchste Berg Norddeutschlands. Heinrich Heine erklomm den „Blocksberg" 1824 während seiner Harzreise. Der Legende nach soll er in das Gipfelbuch geschrieben haben: „Viele Steine, müde Beine, Aussicht keine, Heinrich Heine."* *Summit of the legendary **BROCKEN** mountain with weather station, 1899. In the same year, the steam-driven Brocken Railway was opened. At 1,141 metres it is the highest mountain in Northern Germany and reputedly the meeting place for witches in the last night of April.*

Das ***GOETHE- UND SCHILLER-DENKMAL*** *vor dem alten Hoftheater (heute Nationaltheater) um 1900. Das Doppelstandbild schuf 1857 Bildhauer Ernst Rietschel. Es gehört heute wie die beiden Wohnhäuser der „Dichterfürsten“ zum UNESCO-Weltkulturerbe „Klassisches Weimar“.* ***GOETHE AND SCHILLER MONUMENT*** *in front of the old court theatre (today Nationaltheater) around 1900. The sculptor Ernst Rietschel designed the double monument in 1857. Together with the two residences of the „poets laureate“ it is included in the UNESCO List of World Heritage Sites as „Classical Weimar“.*

Das Ensemble von ***SEVERIKIRCHE*** *(links), und* ***ERFURTER DOM*** *(rechts) fotografiert um 1895 von der Bastion Martin. Zu Füßen der großen Freitreppe des Dombergs liegt die sehr gut erhaltene mittelalterliche Altstadt. Vom großflächigen Abriss historischer Bausubstanz zu DDR-Zeiten zeugen heute die bis zu 120 Meter langen Plattenbauten am Juri-Gagarin-Ring (rechts). View of the ensemble of* ***SEVERIKIRCHE*** *(left) and* ***ERFURT CATHEDRAL*** *(right), taken from the Martin Bastion in 1895. At the foot of the great staircase of the cathedral hill is the well-preserved medieval old town. Large-scale demolition of historical buildings in East Germany made way for buildings like the 120 metre long apartment blocks on Yuri-Gagarin-Ring (right).*

*Blick um 1890 auf die **ORANGERIE** mit den beiden Kalthäusern und Schloss Friedrichsthal im Hintergrund. Sie entstand im 18. Jahrhundert östlich des Schlosses Friedenstein im Auftrag von Herzog Friedrich III. von Sachsen-Gotha-Altenburg und gilt heute als eine der schönsten barocken Anlagen ihrer Art in Deutschland.*

*View of the **ORANGERY** with the two temperate greenhouses and Friedrichsthal Palace in the background. It was built in the 18th century east of the Friedenstein Palace on the order of the Duke Friedrich III of Sachsen-Gotha-Altenburg and is one of the finest Baroque ensembles of its kind in Germany.*

*Die **WARTBURG** hoch über Eisenach um 1890. Die etwa 1067 erbaute Veste ist eng mit Deutschlands Geschichte verbunden. Martin Luther hielt sich hier 1521/22 verborgen und übersetzte das Neue Testament. 1817 trafen sich Studenten zum Wartburgfest, um für einen geeinten Nationalstaat zu kämpfen, es war die erste bürgerlich-demokratische Versammlung „Deutschlands“.* *The **WARTBURG** high above Eisenach around 1890. The castle, built about 1067, plays an important role in Germany's history. Martin Luther hid here in 1521/22 and translated the New Testament into German. In 1817 students met for the Wartburg Festival proclaiming their support for a unified national state: the first democratic meeting in the yet to be created state of Germany.*

*Das **AUETOR** am Friedrichsplatz um 1890. Es ging auf das 1782 errichtete Friedrichstor zurück. Nach Umbauten sollte es mit einem riesigen preußischen Adler ab 1876 an die Befreiungskriege erinnern. 1907 wurde es für den Bau des Theaters versetzt und im 2. Weltkrieg zerstört. Seit 1977 steht am ursprünglichen Standort der „Rahmenbau" mit Blick auf die Karlsaue.* *The **AUETOR** on Friedrichsplatz around 1890. It goes back to the Friedrichstor, built in 1782. After renovations in 1876, a huge Prussian eagle was added. In 1907 it was moved for the construction of the theatre and destroyed during the Second World War. Since 1977 the original position is taken up by the „Rahmenbau" or „Landscape in a Frame", looking towards the Karlsaue.*

*Der **RÖMER**, Frankfurts Rathaus und Wahrzeichen, um 1890. Als Ort der meisten Königs- bzw. Kaiserwahlen und -krönungen nimmt das Ensemble in der deutschen Geschichte eine herausragende Stellung ein. Nach dem 2. Weltkrieg war die gesamte historische Altstadt eine Trümmerwüste, der Römer konnte zumindest äußerlich rekonstruiert werden.* *The **RÖMER**, Frankfurt's town hall and landmark, around 1890. The site of numerous elections and coronations of kings and kaisers, the ensemble is a highly important place in German history. After the Second World War the historic old town lay in ruins. The façade of the Römer was reconstructed in its former style.*

Der ***ESCHENHEIMER TURM*** *um 1890. Das spätmittelalterliche Stadttor wurde Anfang des 15. Jahrhunderts errichtet. Entlang der ab 1806 abgerissenen Befestigungsmauer standen einst 60 ähnliche Türme, nur drei sind noch erhalten. Heute ist der Eschenheimer Turm eines der Wahrzeichen Frankfurts und steht im beeindruckenden Kontrast zu den modernen Hochhäusern Mainhattans.*

ESCHENHEIM TOWER *around 1890. The town gate was built in late medieval times, at the beginning of the 15th century. Of the original 60 towers only three remain, after the fortress walls were taken down from 1806 onwards. Today, Eschenheim Tower is one of Frankfurt's landmarks and presents a stark contrast to the modern high-rise buildings of „Mainhatten".*

DEM WAHREN SCHOENEN GUTEN

*Die **ALTE OPER** der Mainmetropole um 1890. 10 Jahre zuvor wurde sie feierlich eingeweiht: „Das könnte ich mir in Berlin nicht erlauben“ soll der anwesende Kaiser Wilhelm I. geraunt haben. Im März 1944 wurde das Gebäude bei einem alliierten Bombenangriff stark zerstört. Der Wiederaufbau konnte erst 1981 abgeschlossen werden.* *The **ALTE OPER** in Frankfurt around 1890. 10 years earlier it had been inaugurated in a grand opening ceremony. Kaiser Wilhelm I was greatly impressed and is reputed to have commented „I couldn't have done this in Berlin.“ In March 1944 the building was severely damaged in an Allied air raid, and its reconstruction was completed in 1981.*

Wuppertal
Neuss
Düsseldorf
NATURPARK ROTHAARGEBIRGE
Rhein
Köln
Siegen
Aachen
Bonn
Königswinter
Remagen
Gießen
NATURPARK HOHES VENN-EIFEL
WESTERWALD
Andernach
Koblenz
Boppard
Mosel
TAUNUS
St. Goar
Frankfurt/Main
Kaub
Wiesbaden
Burg Rheinstein
Rhein
Main
Mainz
Bingen
HUNSRÜCK

V.

DER RHEINSTROM VON MAINZ ÜBER KOBLENZ NACH DÜSSELDORF / THE RIVER RHINE FROM MAINZ VIA COBLENZ TO DÜSSELDORF

Panorama der ***GUTENBERGSTADT*** *Mainz mit dem Dom um 1890. Erzbischof Willigis ließ den Sakralbau, der zu den drei rheinischen Kaiserdomen zählt, Ende des 8. Jahrhunderts errichten. Links die Stadthalle von 1884. Sie wurde wie fast die gesamte Innenstadt im 2. Weltkrieg zerstört und 1968 durch die Rheingoldhalle ersetzt.* *Panorama of* ***MAINZ*** *with the cathedral, around 1890. The cathedral, one of the three Kaiser cathedrals in the Rhineland, was built at the end of the 8th century by Archbishop Willigis. On the left the Stadthalle of 1884. It was destroyed, together with most of the inner city area, and replaced in 1968 with the Rheingoldhalle.*

Das ***ALTE KURHAUS*** *mit dem Bowling Green an der Wilhelmstraße um 1890. Schon die Römer kannten Wiesbadens zahlreiche Thermal- und Mineralquellen, die die Stadt zu einem der ältesten Kurbäder Europas machen. Das Alte Kurhaus wurde 1907 durch einen repräsentativeren Neubau (inklusive Spielbank) ersetzt.*

The ***ALTES KURHAUS*** *with the Bowling Green on Wilhelmstraße around 1890. The Romans already knew about the many thermal and mineral springs, which made the town one of Europe's oldest spa resorts. The Altes Kurhaus was replaced in 1907 by a more representative building, with a casino.*

***BURG RHEINSTEIN** gegenüber von Assmanshausen um 1890. Die im 14. Jahrhundert erbaute Veste erhielt ihr heutiges Erscheinungsbild 1829 von dem berühmten preußischen Baumeister Karl Friedrich Schinkel. Seit 2002 liegt Rheinstein nun am südlichen Tor zum UNESCO-Welterbe „Oberes Mittelrheintal“.*

***RHEINSTEIN CASTLE** across from Assmanshausen around 1890. Originally built in the 14th century, its current appearance goes back to alterations in 1829 by the famous Prussian architect Karl Friedrich Schinkel. Since 2002 Rheinstein is the southern gate to the UNESCO World Cultural Heritage site „Upper Middle Rhine Valley“.*

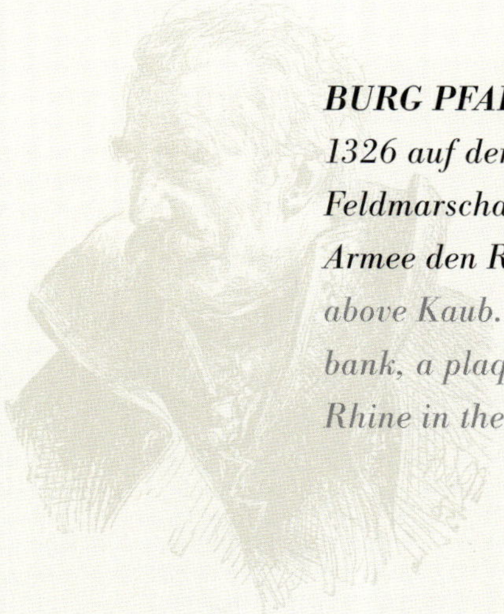

***BURG PFALZGRAFENSTEIN** im Rhein und Burg Gutenfels 110 Meter über Kaub. Pfalzgrafenstein wurde 1326 auf der Insel Falkenau als Zollwache errichtet. Am Westufer erinnert eine Gedenktafel daran, dass hier Feldmarschall Blücher während der Befreiungskriege, 1814 auf dem Vormarsch nach Frankreich, mit seiner Armee den Rhein überquerte. **PFALZGRAFENSTEIN CASTLE** in the Rhine and Gutenfels Castle 110 metres above Kaub. Pfalzgrafenstein was built in 1326 on the island of Falkenau as a customs station. On the western bank, a plaque commemorates the fact that here in 1814 Field Marshal Blücher and his army crossed the Rhine in their advance towards France during the wars of liberation.*

***BURG RHEINFELS** oberhalb von St. Goar um 1895. Gegenüber liegt die Schwesterstadt St. Goarshausen mit den Burgen Katz und Maus. Flussaufwärts befindet sich der Loreleyfelsen. Die gleichnamige Nixe wurde der Sage nach mit ihrem schönen Gesang und goldenen Haar vielen Rheinschiffern zum Verhängnis, die hier unachtsam mit ihren Kähnen an den Felsenriffen zerschellten.* *RHEINFELS CASTLE above St. Goar around 1895. Opposite is the town of St. Goarshausen with Cat and Mouse Castles. Further up the river is the Loreley Rock. According to legend, the siren of the same name lured many boatmen to their deaths, because they listened to her beautiful voice and watched her combing her golden hair instead of looking out for dangerous currents.*

Blick von der Koblenzer Altstadt auf die ***FESTUNG EHRENBREITSTEIN*** *um 1890. Die über 2000 Jahre alte Stadt bildet mit der riesigen Wehranlage das nördliche Tor zum UNESCO-Weltkulturerbe „Oberes Mittelrheintal". Gegenüber, an der Mündung der Mosel in den Rhein, befindet sich das berühmte Deutsche Eck mit dem Reiterstandbild von Kaiser Wilhelm I.* *View of Coblenz old town to the* ***FORTRESS OF EHRENBREITSTEIN*** *around 1890. Fortress and city, with its history of more than 2000 years, are the northern gate to the UNESCO World Heritage Site „Upper Middle Rhine Valley". Opposite, on the mouth of the River Moselle is the famous Deutsches Eck with the statue of Kaiser Wilhelm I.*

Der ***DRACHENFELS*** *und Königswinter im Siebengebirge um 1890. Links das 1882 als Privatwohnsitz erbaute Schloss Drachenburg, rechts die Überreste der 1167 errichteten Burg Drachenfels. Die Ruine wurde nicht zuletzt durch Gedichte von Heinrich Heine und Lord Byron auch international bekannt und ist seit der Romantik ein beliebtes Ausflugsziel.* *The* ***DRACHENFELS*** *and Königswinter in the Siebengebirge around 1890. On the left is Drachenburg Castle, built in 1882 as a private residence, on the right the remains of Drachenfels Castle erected in 1167. The castle ruins were made famous in poems by Heinrich Heine and Lord Byron and have been a popular tourist destination since the Romantic Period.*

Conservon.
14.
Delicatessen
P. A. Brocker
HOTEL-RESTAURANT
SOPHIA MOLL
ZUR ROTEN KANNE
RATHAUS-APOTHEKE

Das ***ALTE RATHAUS*** *am Marktplatz um 1895. Der Obelisk erinnert an die Zeit, als Bonn Residenz der Kurfürsten von Köln war. Nachdem Bonn 1949 Bundeshauptstadt wurde, trugen sich hier bedeutende Staatsmänner wie John F. Kennedy oder Michail Gorbatschow in das Goldene Buch der Stadt ein. The* ***OLD TOWN HALL*** *on the market square around 1895. The Obelisk commemorates the time, when Bonn was the residence of the Electors of Cologne. When Bonn became Germany's capital in 1949, many important statesmen such as John F. Kennedy or Mikhail Gorbachov entered their names in the city's Golden Book.*

Ueberfahrt nach Köln

Blick von Deutz auf die ***KÖLNER ALTSTADT*** *um 1895. In der Mitte der Turm der Basilika Groß St. Martin. Rechts der 157 Meter hohe Kölner Dom als Teil des UNESCO-Weltkulturerbes. Die hölzerne Ponton-Brücke musste bei Schiffsverkehr in der Mitte geöffnet werden, 1915 wurde sie durch die Deutzer Hängebrücke ersetzt.*

View from Deutz towards ***COLOGNE'S OLD TOWN*** *around 1895. In the middle the tower of the Basilica of Great St. Martin. On the right Cologne Cathedral, a UNESCO World Heritage Site, rising 157 metres. The wooden pontoon bridge had to be opened in the middle when boats wanted to pass. In 1915 it was replaced by the Deutz suspension bridge.*

*Der Kölner **HAUPTBAHNHOF** kurz nach seiner Fertigstellung 1894. Legendäre Luxusschnellzüge wie der Rheingold, der zwischen 1928–1939 auf der Strecke Hoek van Holland–Schweizer Alpen pendelte, machten in der Domstadt regelmäßig Halt. Das Bahnhofsgebäude wurde im 2. Weltkrieg größtenteils zerstört, nur die alten Wartesäle sind noch erhalten.* *COLOGNE MAIN STATION shortly after its completion in 1894. Legendary luxury trains such as the Rheingold, travelling from 1928 to 1939, connected Cologne with Hoek van Holland and the Swiss Alps. Most of the station building was destroyed during the Second World War; only the waiting rooms remained undamaged.*

Blick um 1890 von den Oberkasseler Rheinwiesen auf die ***DÜSSELDORFER ALTSTADT****. Links die renommierte Kunstakademie. Rechts die St. Lambertuskirche und der Schlossturm. Die erste Oberkasseler Brücke wurde 1898 eingeweiht. Die moderne Schrägseilbrücke mit ihrem 104 Meter hohen Pylon entwarf 1976 Architekt Friedrich Tamms. View around 1890 from the Oberkassel Rhine Meadows towards* ***DÜSSELDORF'S OLD TOWN****. On the left the renowned Art Academy. On the right St. Lambertuskirche and the Schlossturm. The first Oberkassel Bridge was opened in 1898. The modern bridge with its pylon 104 metres high was designed in 1976 by the architect Friedrich Tamms.*

Heidelberg
DEUTSCHLAND / GERMANY
Rhein
Neckar
PFÄLZER WALD
Karlsruhe
FRANKENHÖHE
FRANKREICH / FRANCE
Stuttgart
Donau
Straßburg
Tübingen
SCHWÄBISCHE ALB
Burg Hohenzollern
Ulm
SCHWARZWALD
Sigmaringen
Freiburg
Höllental
Feldberg
DEUTSCHLAND / GERMANY
Koblenz
ALPEN
Rhein
SCHWEIZ / SWITZERLAND
Bodensee

VI.

VON HEIDELBERG DURCH DEN SCHWARZWALD ZUM BODENSEE / FROM HEIDELBERG VIA THE BLACK FOREST TO LAKE CONSTANCE

*Die historische **ALTSTADT** mit der Heiliggeistkirche, 1890 vom Philosophenweg aus fotografiert. Am Nordhang des Königstuhls thront die Ruine des Residenzschlosses der pfälzischen Kurfürsten. Mark Twain empfand Heidelberg als „das Vollendetste an Schönheit" und auch heute noch gilt die vom 2. Weltkrieg weitestgehend verschonte Stadt bei Reisenden als Inbegriff der deutschen Romantik.* *The historic **OLD TOWN** with the Heiliggeist Church, in 1890 from Philosophenweg. On the northern side of the Königstuhl the ruin of the Residenz Palace of the „Counts Palatine of the Rhine". Mark Twain described Heidelberg as „beauty in perfection", and even for today's travellers, Heidelberg, having escaped destruction in the Second World War, is the epitome of German romanticism.*

*Blick vom **SCHLOSSTURM** auf Karlsruhe um 1890. Markgraf Karl Wilhelm von Baden-Durlach ließ sich seine Traumstadt 1715 am Reißbrett in Form eines Sonnenfächers anlegen. Den Mittelpunkt bildet bis heute seine ehemalige Residenz, das Schloss Karlsruhe. Auf der Via Triumphalis steht die Pyramide, die letzte Ruhestätte des Stadtbegründers. View from the **SCHLOSSTURM** to Karlsruhe around 1890. In 1715, Margrave Karl Wilhelm von Baden-Durlach had the town of his dreams designed in the form of a fan, radiating out from the palace in the middle. The Pyramid on Via Triumphalis is the last resting place of the town's founder.*

*Die **JOHANNESKIRCHE** am Feuersee um 1890. Das von Architekt Christian Friedrich von Leins 1876 im neugotischen Stil erbaute Gotteshaus liegt auf einer Halbinsel in einem ehemaligen Feuerlöschteich. Nach 1945 wurde die stark zerstörte Kirche wieder aufgebaut und gilt heute als Mahnmal gegen den Krieg.*

***JOHANNES CHURCH** on Feuersee around 1890. The church, built by the architect Christian Friedrich von Leins in 1876 in neo-gothic style, lies on a peninsula in a former emergency water reservoir. The church, badly damaged in the war, was rebuilt after 1945 and is seen as a memorial against the war.*

*Blick auf die **UNIVERSITÄTSSTADT** Tübingen, 1895. Das Viertel um die Neckarhalde galt wegen ihrer prächtigen Villen im italienischen Stil auch als die Riviera Tübingens. Hoch über der historischen Altstadt mit der Stiftskirche ruht das aus dem 12. Jahrhundert stammende Schloss Hohentübingen. Im Hintergrund ist auf dem Österberg der Kaiser-Wilhelm-Turm zu sehen.* *View of the **UNIVERSITY TOWN** of Tübingen, 1895. With its prestigious villas in the Italian style, the quarter around the Neckarhalde was also known as the Tübingen Riviera. High above the the historic old town with the Stiftskirche lies Hohentübingen Castle dating back to the 12th century. In the background, on Österberg, the Kaiser Wilhelm Tower can be seen.*

*Die **BURG HOHENZOLLERN** auf dem 855 Meter hohen Bergkegel des Hohenzollern bei Hechingen, um 1890. Der Stammsitz des gleichnamigen Fürstengeschlechts ist in seiner heutigen Form ein beindruckendes Meisterwerk des „Architekten des Königs" Friedrich August Stüler. Sie zählt zu den schönsten und meistbesuchten Burgen Europas. **HOHENZOLLERN CASTLE** on Mount Hohenzollern with its 855 metres, near Hechingen, around 1890. The seat of the dynasty of the same name remains today an impressive masterpiece of the „king's architect" Friedrich August Stüler. The castle is one of the most beautiful and most popular in Europe.*

Das ***SCHLOSS SIGMARINGEN*** *auf dem Schlossberg über der Donau, 1895. Noch erhaltene Reste der ursprünglichen Burg stammen aus der Stauferzeit um 1200. Heute eröffnet die ehemalige Residenz der Fürsten zu Hohenzollern-Sigmaringen Besuchern einen Einblick in die höfische Pracht der vergangenen Jahrhunderte.*
SIGMARINGEN PALACE *on Schlossberg above the Danube, 1895. Some parts remaining of the original castle date back to the time of the Stauffer family around 1200. Today, the former residence of the dukes of Hohenzollern-Sigmaringen allows visitors a glimpse into the courtly splendour of past centuries.*

Das ***HÖLLENTAL*** *mit der Ravennabrücke kurz nach ihrer Fertigstellung 1885 im Schwarzwald. Die Stahlkonstruktion wurde 1927 durch ein 225 Meter langes Steinviadukt ersetzt, um dem gesteigerten Zugverkehr der Höllentalbahn gerecht zu werden. Im April 1945 sprengte die Wehrmacht die Brücke, der Wiederaufbau erfolgte bis 1948.* ***HÖLLENTAL*** *in the Black Forest with the Ravenna Bridge shortly after its completion in 1885. The steel construction was replaced in 1927 by a 225 metre long stone viaduct, to cope with the growing rail traffic of the Höllentalbahn. In April 1945 the German army destroyed the bridge. Reconstruction was completed by 1948.*

*Der 1.493 Meter hohe **FELDBERG**, der höchste Berg im Schwarzwald, mit dem Hotel Feldbergerhof. Die historische Ansicht ist eine Fotomontage aus dem Jahre 1905. Das Hotel steht eigentlich etwa 200 Meter weiter rechts. Der alte Mittelbau ist im Kern noch erhalten, jedoch hinter der modernen Fassade nicht wiederzuerkennen.* ***FELDBERG**, at 1,493 metres, the highest mountain in the Black Forest with the Hotel Feldbergerhof. This view is a photomontage from the year 1905 – in reality the hotel is about 200 metres to the right. The middle building is still intact, but unrecognisable behind the modern facade.*

HOTEL
INSEL-HOTEL

Das ***INSEL-HOTEL*** *in Konstanz am Bodensee um 1890. Es liegt auf einer der Altstadt vorgelagerten kleinen Privatinsel in einem ehemaligen Dominikanerkloster aus dem 13. Jahrhundert. Das exklusive Haus wurde 1875 von Eberhard Graf von Zeppelin, dem Bruder des Luftschiffpioniers, eröffnet und gehört heute zur Steigenberger-Gruppe. The* ***INSEL HOTEL*** *on Lake Constance around 1890. It is situated on a private peninsula in a former Dominican monastery from the 13th century. The exclusive hotel was opened in 1875 by Eberhard Graf von Zeppelin, brother of the famous aviation pioneer, and today belongs to the Steigenberger-Gruppe.*

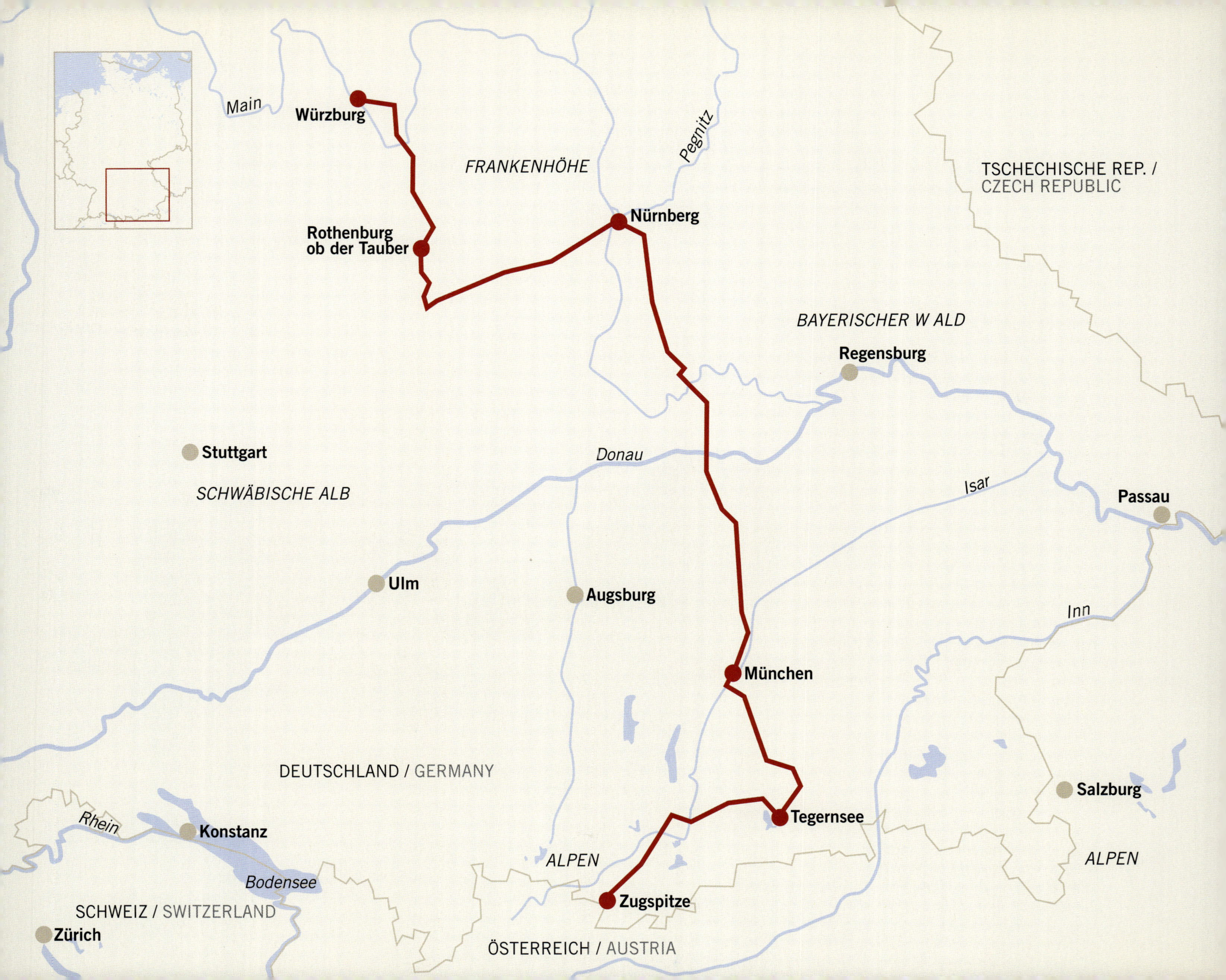
Main
Würzburg
FRANKENHÖHE
Pegnitz
TSCHECHISCHE REP. / CZECH REPUBLIC
Nürnberg
Rothenburg ob der Tauber
BAYERISCHER W ALD
Regensburg
Stuttgart
Donau
SCHWÄBISCHE ALB
Isar
Passau
Ulm
Augsburg
Inn
München
DEUTSCHLAND / GERMANY
Salzburg
Rhein
Konstanz
Tegernsee
ALPEN
ALPEN
Bodensee
Zugspitze
SCHWEIZ / SWITZERLAND
Zürich
ÖSTERREICH / AUSTRIA

VII.

FRANKEN, OBERBAYERN UND DER HÖCHSTE GIPFEL DEUTSCHLANDS / FROM FRANKEN, THROUGH UPPER BAVARIA TO THE TOP OF GERMANY

Dampf Färberei
Georg Beislein.

*Die **ALTE MAINBRÜCKE** mit Blick auf die Altstadt um 1890. Links überragt der 55 Meter hohe Grafenekkartturm des Alten Rathauses die Zwillingstürme des Kiliansdoms. 90 Prozent der Stadt lagen bei Ende des 2. Weltkrieges in Trümmern. Nach dem Wiederaufbau gehört die Würzburger Residenz heute zum UNESCO-Weltkulturerbe.* *The **OLD BRIDGE OVER THE MAIN** with a view of the old town around 1890. On the left, the Grafeneckart Tower of the old town hall rises 55 metres above the twin towers of St. Kilian Cathedral. At the end of the Second World War, 90% of the town lay in ruins. The Würzburg Residenz Palace, after reconstruction, has been added to the list of the UNESCO World Heritage Sites.*

*Die Straßengabelung **PLÖNLEIN** mit dem Sieberstor (links) und dem Kobolzellertor (rechts) um 1890. Rothenburg ist bekannt für seine gut erhaltene mittelalterliche Altstadt. Die vielen verschachtelten Gässchen, kleinen Plätze und Fachwerkhäuser locken alljährlich zahlreiche Reisende aus aller Welt an. PLÖNLEIN street fork with the Siebers Tower (left) and the Kobolzell Tower (right) around 1890. Rothenburg is famous for its well-preserved medieval town centre. Every year, the narrow lanes, small squares and half-timbered houses attract thousands of visitors.*

Hallerthor Bad

*Die **KAISERBURG** hoch über der Nürnberger Altstadt um 1890. Im Vordergrund die Stadtmauer am Hallertorbad, links der runde Neutorturm. Nach dem 2. Weltkrieg war eine der schönsten deutschen Altstädte durch Bombenangriffe zu 90 Prozent zerstört. Der Wiederaufbau, unter Berücksichtigung der historischen Strukturen, dauerte Jahrzehnte. The **KAISERBURG** high above Nuremberg's old town around 1890. In the foreground the city walls at Hallertorbad, on the left the round Neutor Tower. After the Second World one of the most beautiful old German towns was more or less devastated. Its reconstruction, respecting historical structures, took decades.*

*Der **HENKERSSTEG** (rechts) mit dem Weinstadel (links) an der Pegnitz um 1890. Bis zum 19. Jahrhundert wohnte im angrenzenden Turm der Scharfrichter der Stadt Nürnberg. Direkter Kontakt zu den Bürgern sollte vermieden werden, da seine Tätigkeit als unehrenhaft galt. The **HENKERSSTEG** (right) with the Weinstadel (left) on the Pegnitz around 1890. Up until the 19th century, the tower was the residence of Nuremberg's executioners. Direct contact with the citizens was to be avoided, as the profession was considered disreputable.*

*Blick von der Insel Schütt über die Pegnitz auf die Kuppel der **HAUPTSYNAGOGE** um 1890. Im Hintergrund das Heilig-Geist-Spital. Das jüdische Gotteshaus, erbaut 1874, wurde am 10. August 1938 von den Nationalsozialisten abgerissen. Heute erinnert ein Gedenkstein an der Spitalbrücke an die Zerstörung.*

*View from the Island of Schütt along the Pegnitz towards the dome of the **MAIN SYNAGOGUE** around 1890. In the background the Heilig-Geist-Spital. The Jewish house of worship, built in 1874, was demolished by the Nazis on 10 August 1938. Today a memorial on the Spitalbrücke commemorates the destruction.*

Das ***NEUE RATHAUS*** *am Marienplatz um 1890. Es wurde 1874 von Architekt Georg von Hauberrisser im neugotischen Stil erbaut, nachdem das Alte Rathaus an der Straße Tal zu klein geworden war. Zwischen 1888 und 1903 entstand der um ein Vielfaches größere Erweiterungsbau mit dem 85 Meter hohen Rathausturm und dem Münchner Kindl an der Spitze. The* ***NEW TOWN HALL*** *on Marienplatz around 1890. It was built in 1874 by the architect Georg von Hauberrisser in neo-gothic style, when the old town hall proved too small. Between 1888 and 1903 a much larger extension was built, with a tower of 85 metres and the Münchner Kindl at the top.*

WAARENHAUS

Der ***STACHUS*** *(Karlsplatz) am Karlstor mit Blick in Richtung Hauptbahnhof um 1900. Er galt als einer der verkehrsreichsten Plätze Europas. Hermann Tietz eröffnete hier 1895 das größte Warenhaus Münchens (Bildmitte). Rechts davon befand sich bis zur Zerstörung im 2. Weltkrieg das Grandhotel Bellevue (heute Hotel Königshof).* *The* ***STACHUS*** *(Karlsplatz) at Karlstor with a view towards the main station building around 1900, the one of the busiest squares in Europe. Here, in 1895, Hermann Tietz opened Munich's largest department store (middle). On its right, until its destruction in the Second World War, was the Grand Hotel Bellevue (today Hotel Königshof).*

*Blick auf das **ISARTOR** Richtung Marienplatz (Westen) um 1890. Das östliche Portal zur Altstadt wurde 1337 als Teil der Stadtbefestigung erbaut. Das große Fresko zeigt den Siegeszug Kaiser Ludwig des Bayern nach der Schlacht bei Ampfing. In den beiden Flankentürmen befindet sich das Valentin-Karlstadt-Musäum.*

*View of the **ISARTOR** towards the western part of Marienplatz around 1890. The gateway to the old town was built in 1337 as part of the city fortifications. The large fresco shows the victory parade of Kaiser Ludwig the Bavarian after the battle of Ampfing. The two towers today house the Valentin-Karlstadt-Musäum.*

*Der Kurort **TEGERNSEE** am nördlichen Alpenrand um 1890. Im Hintergrund der 1.712 Meter hohe Setzberg. Der Tegernsee zählt zu den saubersten Seen Bayerns, nicht zuletzt deshalb ist er ein vor allem bei Münchnern beliebtes Ausflugsziel und Wohnort zahlreicher Prominenter.* *The spa resort of **TEGERNSEE** at the northern edge of the Alps around 1890. In the background is the 1,712 metres high Setzberg. Lake Tegernsee is considered one of the cleanest lakes in Bavaria, one of the reasons why it is such a popular excursion destination with the people of Munich and why it has attracted many famous residents.*

Das ***MÜNCHNER HAUS*** *knapp unter dem Westgipfel, kurz nach seiner Fertigstellung im Jahr 1897. Die Zugspitze ist mit 2.962 Metern der höchste Berg Deutschlands. Auf ihrem Gipfel, über den die Grenze zwischen Deutschland und Österreich verläuft, gelangen mit der Zugspitzbahn heute alljährlich rund 500.000 Besucher.*

The ***MÜNCHNER HAUS*** *just below the western summit, shortly after its completion in 1897. At 2,962 metres the Zugspitze is Germany's highest mountain. Every year, the Zugspitzbahn train takes around 500,000 visitors to the summit, marking the border between Germany and Austria.*

Zugspitzplatt von der Knorrhütte / Zugspitzplatt from Knorr Hut (1890)

Bayerische Zugspitzbahn
GARMISCH-PARTENKIRCHEN

ÜBER DEN AUTOR UND VERLEGER *Maik Kopleck (Jg. 1975);*

Kommunikationsdesign-Studium an der FH Düsseldorf, freier Art Director für verschiedene Werbeagenturen (u.a. BBDO Düsseldorf und BBDO Berlin), freier Fotograf in San Francisco. 2001 konzipierte und realisierte er in Berlin mit dem „PastFinder Berlin 1933–1945" und dem „PastFinder Berlin 1945–1989" eine Serie neuartiger historischer Stadtführer zur deutschen Geschichte. Es folgten zahlreiche weitere Titel in der Reihe und die Gründung des PastFinder-Verlages. Er arbeitet als Designer, Fotograf, Autor und Verleger in Düsseldorf und Singapur.

ABOUT THE AUTHOR AND PUBLISHER *Maik Kopleck (born in 1975). He studied communication design at the University of Applied Sciences in Düsseldorf and was a freelance Art Director at various advertising agencies (among others BBDO), then a freelance photographer in San Francisco. In 2001 he devised and designed a series of innovative historical guidebooks for many cities in Germany, beginning with „PastFinder Berlin 1933–1945" and „PastFinder Berlin 1945–1989". These were followed by other publications based on the same idea, and the PastFinder publishing company was founded. Maik Kopleck works as a designer, photographer, author and publisher in Düsseldorf and Singapore.*

DANKSAGUNG / ACKNOWLEDGEMENTS *Brigitte Staab, Dr. Robert Kuhn, Prof. Vilibald Barl, Cindy Herrington, Bernd Szitnick und den vielen freundlichen Menschen am Wegesrand, die stets gerne bereit waren Auskunft oder Einlaß zu gewähren.*

PastFinder Ltd.
Brend'amourstraße 31
40545 Düsseldorf, Germany
info@pastfinder.de
www.pastfinder.de

Konzeption, Art Direction, Produktion, Fotos, Illustration, Kartographie: Maik Kopleck, Brigitte Staab; Lektorat: Dr. Robert Kuhn, Prof. Vilibald Barl; Übersetzung: Adelheid Korpp; Druck: Mohn media Mohndruck GmbH / Concept, Art Direction, Production, Photos, Illustration, Maps: Maik Kopleck, Brigitte Staab; Editors: Dr. Robert Kuhn, Prof. Vilibald Barl; Translation: Adelheid Korpp; Press: Mohn media Mohndruck GmbH

Vertrieb / Distribution: GeoCenter, Schockenriedstraße 44, 70565 Stuttgart
www.geocenter.de

Handmade in Germany

PHOTOLITH. D. LITH. ANST. V. BOGDAN GISEVIUS BERLIN W. BÜLOWSTR. 66

Norderney (1895)